행사 편

오늘도 재밌는 뇌운동

1

도서 큰
출판 그림

우리나라 75세 이상의 인구 중 평균 4개 이상의 만성질환을 갖고 있는 분들이 많습니다. 노인의 경우 통증과 피로감으로 걱정이 많기 때문에 신체증상장애(정신 활동, 심리 상태와 관련하여 발생하게 되는 신체 증세)가 흔히 일어날 수도 있습니다. 그리고 치매, 요실금, 영양 실조, 수면장애 등 여러 질병에 노출될 수도 있습니다.

지금은 100세 시대입니다. 조금 더 건강한 삶을 살 수 있도록 매일 아침 가벼운 운동인 '보훈공단이 알려주는 치매예방을 위한 **3분 건강체조**'로 몸을 깨워 주세요.

그리고 「**오늘도 재밌는 뇌운동**」으로 매일 쉽고 재밌는 문제도 풀고 숨은 그림도 찾으면서 두뇌를 움직여 주세요. 건강을 유지하는 방법은 여러 가지가 있겠지만 위와 같은 꾸준한 움직임은 여러분 몸에 도움을 줄 수 있습니다.

큰그림 편집부 올림

이 책을 보는 법

하나

매일 6~9쪽의 체조를 따라합니다.

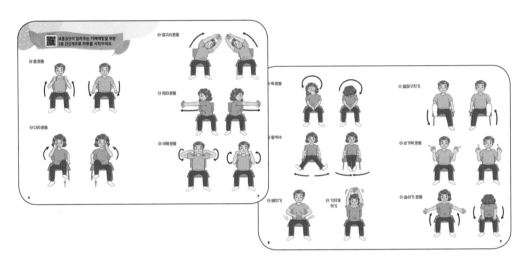

둘

매일 네 쪽의 문제를 풀어 봅니다.

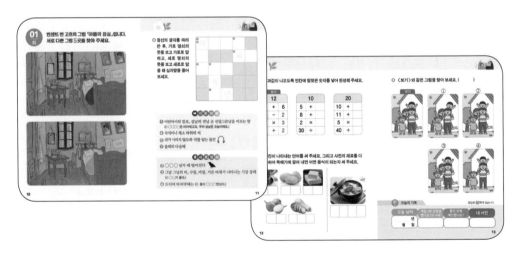

셋

정답을 맞추고 넷째 쪽 하단의 '오늘의 기록'에 날짜와 사인을 적어 주세요.

차례

매일매일 3분 건강체조 따라하기 ········· 6

동영상

보훈공단이 알려주는 치매예방을 위한
3분 건강체조로 하루를 시작하세요.

❶ 팔운동

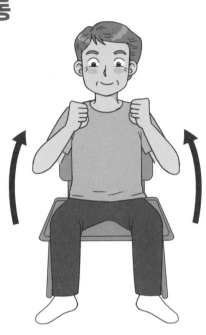

❷ 다리운동

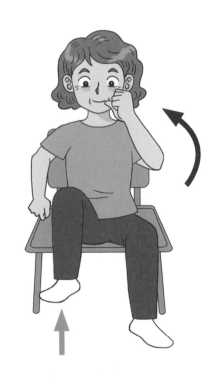

❸ 옆구리 운동

❹ 허리 운동

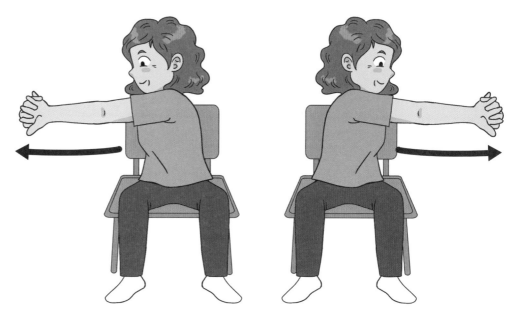

❺ 어깨 운동

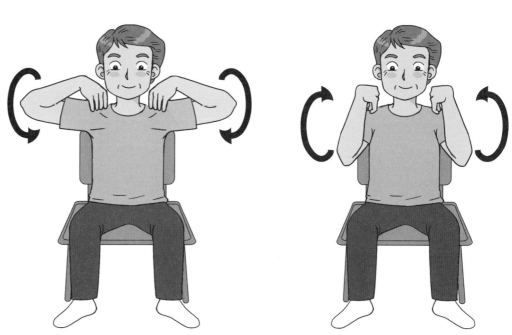

❻ 목운동

❼ 발박수

❽ 배치기

❾ 기지개
켜기

⑩ 발장구치기

⑪ 손가락 운동

⑫ 숨쉬기 운동

01
회

빈센트 반 고흐의 그림 「아를의 침실」입니다.
서로 다른 그림 5곳을 찾아 주세요.

○ 점선의 글자를 따라 쓴 후, 가로 열쇠의 뜻을 보고 가로로 답하고, 세로 열쇠의 뜻을 보고 세로로 답을 해 십자말을 풀어 보세요.

❶❷ 가			❸	
			❹ 씨	
❺	❻ 마			
	❼ 내			

→ 가 로 열 쇠

❶ 어린아이의 말로, 설날의 전날 곧 섣달그믐날을 이르는 말
(예 ○○○○은 어저께고요, 우리 설날은 오늘이래요.)

❹ 곡식이나 채소 따위의 씨

❺ 귀가 시리지 않도록 귀를 덮는 물건

❼ 올해의 다음해

↓ 세 로 열 쇠

❷ ○○○ 날자 배 떨어진다

❸ 그날 그날의 비, 구름, 바람, 기온 따위가 나타나는 기상 상태
(예 ○○가 춥다.)

❻ 드디어 마지막에는 (예 둘이 ○○○ 만났다.)

○ 결과값이 나오도록 빈칸에 알맞은 숫자를 넣어 완성해 주세요.

보기

12		
6	+	6
14	−	2
4	×	3
24	÷	2

10		
5	+	
8	+	
2	×	
30	÷	

20		
10	+	
11	+	
5	×	
40	÷	

○ 사진이 나타내는 단어를 써 주세요. 그리고 사진의 재료를 다 합하여 뚝배기에 끓여 내면 어떤 음식이 되는지 써 주세요.

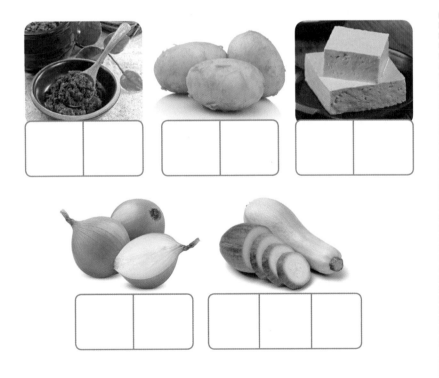

○ 〈보기〉와 같은 그림을 찾아 보세요. (   )

보기

①

②

③

④

정답은 **92**쪽에 있습니다.

01회	오늘의 기록

오늘 날짜	매일 3분 운동을 했나요?(6~9쪽)	틀린 문제 확인했나요?	내 사인
년 월 일			

13

02
회

연중행사인 **김장**을 하고 있는 가족 그림입니다.
숨은 그림 **7**개를 찾아 보세요.

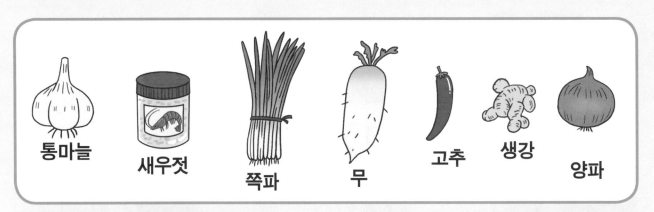

통마늘   새우젓   쪽파   무   고추   생강   양파

○ 물감의 색과 단어가 일치하는 것(10개)를 골라 동그라미 쳐
　　주세요.

노랑	초록	노랑	빨강	황토
보라	보라	노랑	분홍	파랑
황토	파랑	초록	노랑	분홍
파랑	주황	보라	파랑	초록
주황	노랑	빨강	황토	분홍

○ **김장 재료를 사기 위해 시장에 갔습니다.**
  아래 그림의 가격을 보고 문제를 풀어 보세요.

무 1개 : 1,500원

대파 1단 : 2,500원

배추 1포기 : 3,000원

고춧가루 1kg : 30,000원

마늘 1kg : 7,000원

생강 1kg : 10,000원

문제 1 야채 가게에서 무 10개와 대파 2단을 주문했습니다.
모두 얼마인가요?

(원)

문제 2 배추는 10포기씩 세 집이 담아갈 거예요.
전체 몇 포기를 사고 얼마를 주면 될까요?

(포기,   원)

문제 3 고춧가루 1kg, 마늘 2kg, 생강 500g을 샀습니다.
모두 얼마인가요?

(원)

● 초성(첫소리) 글자를 보고 김치 종류의 이름을 써 보세요.

보기	ㅍ ㄱ ㄱ ㅊ → 포기김치

ㅇ ㅇ ㅅ ㅂ ㅇ → _____

ㄲ ㄷ ㄱ → _____

ㅊ ㄱ ㄱ ㅊ → _____

ㄷ ㅊ ㅁ → _____

ㄱ ㅈ ㅇ → _____

정답은 93쪽에 있습니다.

02
회 오늘의 기록

오늘 날짜	매일 3분 운동을 했나요?(6~9쪽)	틀린 문제 확인했나요?	내 사인
년 월 일			

이중섭의 그림 「물고기와 노는 세 아이」입니다. 서로 다른 그림 5곳을 찾아 주세요.

○ 점선의 글자를 따라 쓴 후, 가로 열쇠의 뜻을 보고 가로로 답 하고, 세로 열쇠의 뜻을 보고 세로로 답을 해 십자말을 풀어 보세요.

❶

❷
❸ㄱ   름

❹
❺ㄷㄷ

기

→ 가 로 열 쇠

❷ 처마 끝에서 떨어지는 물이 밑으로 흐르다가 길게 얼어붙은 얼음

❹ 옷이나 장갑 따위를 실이나 털실로 떠서 만드는 일

↓ 세 로 열 쇠

❶ 사계절 중 가장 더운 계절은?

❸ 남의 잘못이나 비밀을 일러바치는 짓

❺ 일정한 거처가 없이 떠돌아다니는 사람
   (예 이제 ○○○ 생활을 끝내야겠다.)

19

오른쪽에 시간을 적어 주세요. 그리고 시계에 바늘을 그려 보세요.

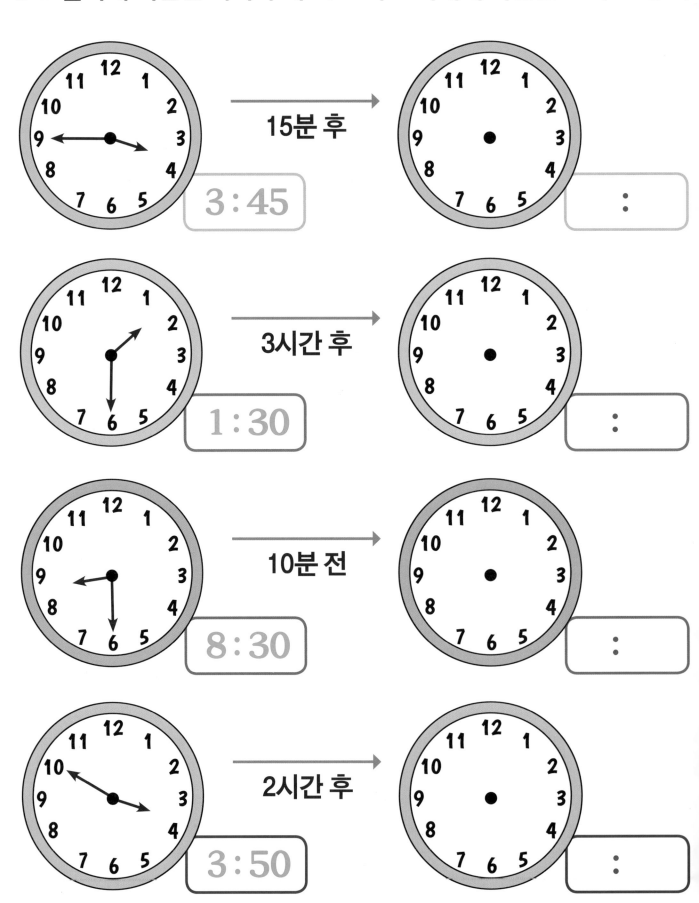

15분 후

3 : 45

:

3시간 후

1 : 30

:

10분 전

8 : 30

:

2시간 후

3 : 50

:

○ 돼지 얼굴입니다. 나머지 반쪽을 그려 완성해 주고, 예쁘게 색칠해 주세요.

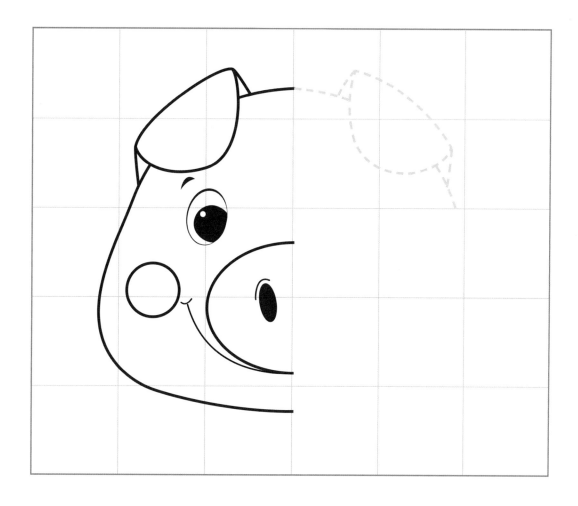

오늘 날짜	매일 3분 운동을 했나요?(6~9쪽)	틀린 문제 확인했나요?	내 사인
년 월 일			

우리나라 전통적인 명절 설날에 차례를 지내는 모습니다. 숨은 그림 7개를 찾아 보세요.

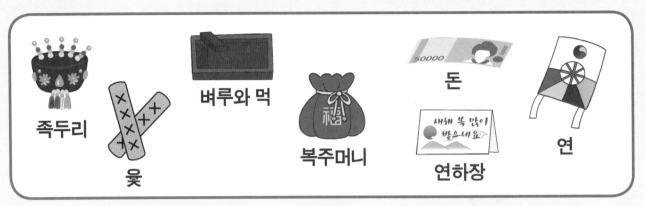

족두리

윷

벼루와 먹

복주머니

돈

연하장

연

○ 빈칸에 알맞은 숫자와 사칙 연산 기호(+, −, ×, ÷)를 넣어 보세요.

5	×		=	15
−				+
=				=
2	×		=	16
+				
				4
=				=

4		5	=		−	3	=	17	−		=	4
+				−				+				−
8				14								2
=				=				=				=
	÷	2	=	6	×	3	=		÷	9	=	
+				+				−				
7								10				
=				=								
	−	3	=	16	÷		=	8				

○ 윤동주의 「서시」를 소리 내어 읽고 천천히 따라 써 보세요.

죽는 날까지 하늘을 우러러

한 점 부끄럼이 없기를,

잎새에 이는 바람에도

나는 괴로워했다.

별을 노래하는 마음으로

모든 죽어 가는 것을 사랑해야지

그리고 나한테 주어진 길을

걸어가야겠다.

오늘 밤에도 별이 바람에 스치운다.

정답은 95쪽에 있습니다.

04
회 오늘의 기록

오늘 날짜	매일 3분 운동을 했나요?(6~9쪽)	틀린 문제 확인했나요?	내 사인
년 월 일			

이탈리아 화가 보티첼리의 그림 「비너스의 탄생」입니다. 서로 다른 그림 5곳을 찾아 주세요.

○ 점선의 글자를 따라 쓴 후, 가로 열쇠의 뜻을 보고 가로로 답 하고, 세로 열쇠의 뜻을 보고 세로로 답을 해 십자말을 풀어 보세요.

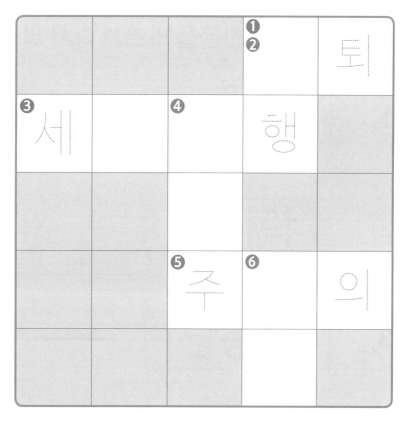

➡ 가 로 열 쇠

❶ 직임에서 물러나거나 사회 활동에서 손을 떼고 한가히 지냄. (≒ 퇴직)

❸ 세계 곳곳을 다니는 여행

❺ 어떤 사람의 병을 맡아서 치료하는 의사

⬇ 세 로 열 쇠

❷ 예금을 받아 그 돈을 자금으로 하여 대출, 어음 거래, 증권의 인수 따위를 업무로 하는 금융 기관 (예 ○○에서 예금을 찾다.)

❹ 용의 턱 아래에 있는 영묘한 구슬 (예 ○○○를 입에 문 용이 하늘로 올라가는 꿈)

❻ 치아, 입안, 치아와 연결된 턱이나 얼굴 등의 질환을 치료하는 의학 분야 (예 ○○에 가서 이를 뽑았다.)

○ 좌우가 바뀐 한글을 바르게 다시 써 주세요.

1. 틀ㅓ히지 ⟶ ☐☐☐

2. ㅓ리ㄷ빌 ⟶ ☐☐☐

3. 빙숭콩님 ⟶ ☐☐☐

4. ㅣ이맘ㅏ ⟶ ☐☐☐

5. ㅣ5ㅏ므슬돕 ⟶ ☐☐☐☐

6. ㅏㄱ전ㅓ지 ⟶ ☐☐☐

7. ㅏㅋ퓨넘 ⟶ ☐☐☐

8. ㅐ사무빙 ⟶ ☐☐☐

○ 각 그림의 그림자를 연결해 주세요.

정답은 **96**쪽에 있습니다.

05 회	오늘의 기록

오늘 날짜	매일 3분 운동을 했나요?(6~9쪽)	틀린 문제 확인했나요?	내 사인
년 월 일			

처음 만나는 선생님과 친구들로 무척 설레는
초등학교 입학식 그림입니다.
숨은 그림 **7개**를 찾아 보세요.

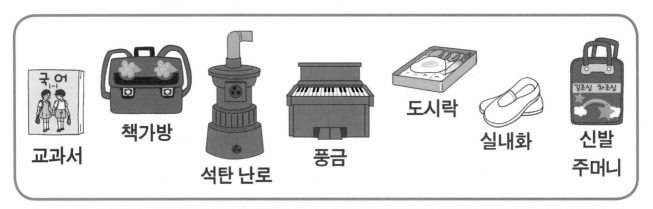

교과서   책가방   석탄 난로   풍금   도시락   실내화   신발 주머니

뒤죽박죽되어 있는 단어를 순서에 맞춰 알맞은 단어로 써 보세요.

보기	빔돌밥비솥	→	돌솥비빔밥

1. 공이원놀 → _____

2. 욕수장해 → _____

3. 한민대국 → _____

4. 대원서울공 → _____

5. 중목대탕욕 → _____

6. 공립원국 → _____

7. 맥산백태 → _____

쿠폰 숫자를 다 더한 값이 같은 것끼리 선으로 이으세요.

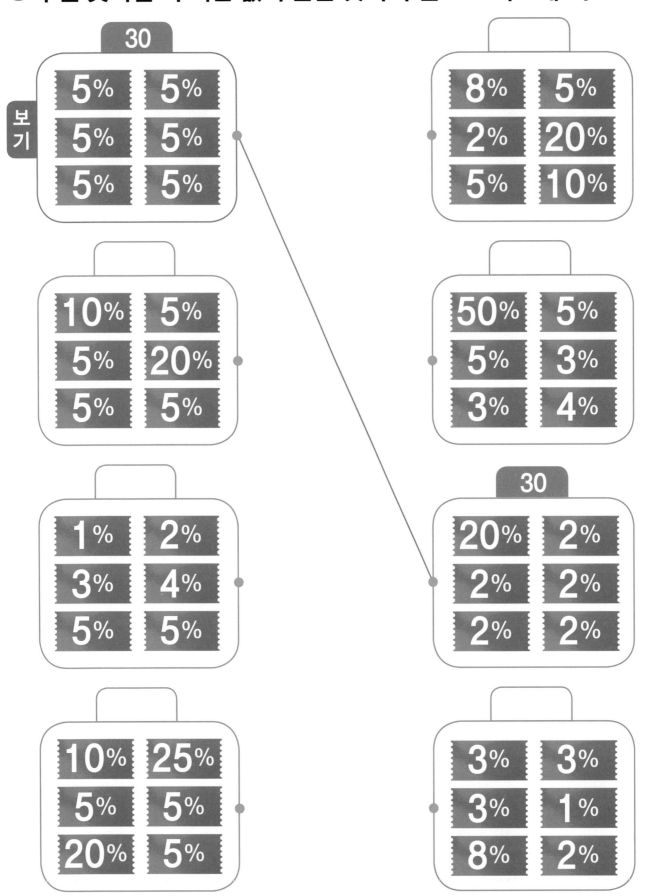

🔵 사진이 나타내는 단어를 써 주세요. 그리고 사진의 재료를 합하여 요리하면 어떤 음식이 되는지 써 주세요.

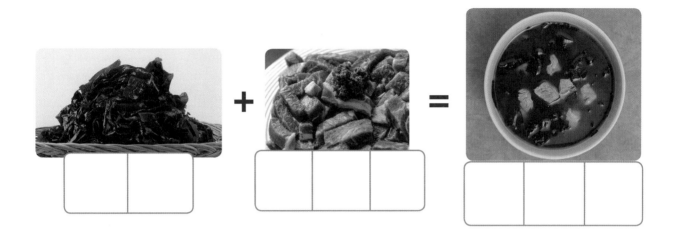

**유럽의 거리에서 만날 수 있는 예술가들입니다.
서로 다른 그림 5곳을 찾아 주세요.**

○ 점선의 글자를 따라 쓴 후, 가로 열쇠의 뜻을 보고 가로로 답하고, 세로 열쇠의 뜻을 보고 세로로 답을 해 십자말을 풀어 보세요.

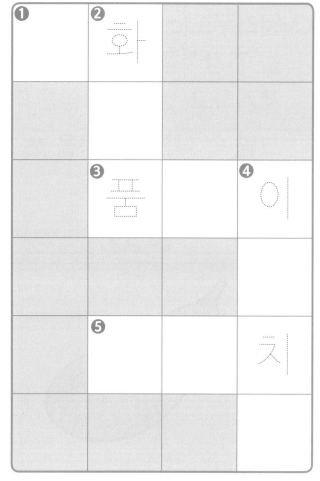

➡️ 🔵가 🔵로 🔵열 🔵쇠

❶ 그리스 로마 ○○
(고대인의 사유가 반영된 신성한 이야기)

❸ 힘든 일을 서로 거들어 주면서 품을 지고 갚고 하는 일

❺ 고춧가루를 쓰지 않거나 적게 써서 허옇게 담근 김치

⬇️ 🔵세 🔵로 🔵열 🔵쇠

❷ 화장하는 데 쓰는 크림, 분, 향수 따위를 통틀어 이르는 말

❹ 열은 열로써 다스림. 열이 날 때에 땀을 낸다든지, 더위를 뜨거운 차를 마셔서 이기는 따위를 이를 때에 흔히 쓰는 말이다.

35

○ 컬러푸드(color food)는 건강한 삶을 유지하는 데 도움을 주는 건강식품입니다. 보라색 식품은 심장병 예방과 독소를 제거하고, 빨간색 식품은 더 예뻐지게 한답니다.

그림 속 식품의 이름을 쓰고 보라색과 빨간색 중 알맞은 색으로 칠해 주세요.

보기

가 | 지

○ 〈보기〉와 같은 그림을 찾아 보세요. (   )

보기

①

②

③

④

정답은 98쪽에 있습니다.

07 회 오늘의 기록

오늘 날짜	매일 3분 운동을 했나요?(6~9쪽)	틀린 문제 확인했나요?	내 사인
년 월 일			

봄꽃을 즐기는 벚꽃 놀이입니다.
숨은 그림 7개를 찾아 보세요.

청사초롱　호박엿　호미　다과상　호롱불　도자기　부채

○ 1번(◎)부터 25번(◎)까지 순서대로 점을 이어 그림을 완성해 보세요.

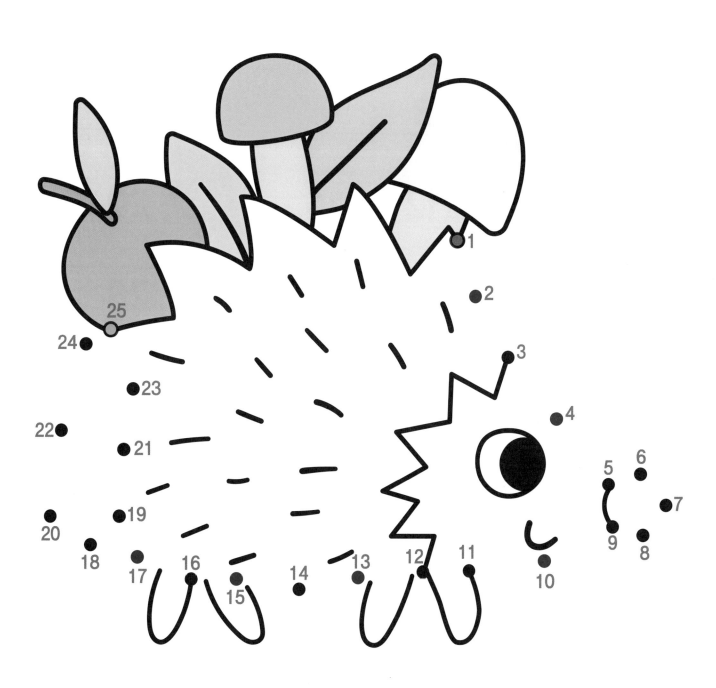

◯ 0부터 4씩 커지는 수를 이어지도록 따라가면서 네모 칸에 색 칠해 주세요.

0	4	3	5	12
1	8	7	13	18
4	12	16	18	20
22	26	20	24	28
23	32	26	30	32
60	56	21	40	36
44	52	48	44	38

○ 규칙적인 순서에 맞게 색을 색칠하세요.

오늘 날짜	매일 3분 운동을 했나요?(6~9쪽)	틀린 문제 확인했나요?	내 사인
년 월 일			

09
회

동화 그림입니다.
서로 다른 그림
5곳을 찾아
주세요.

◎ 점선의 글자를 따라 쓴 후, 가로 열쇠의 뜻을 보고 가로로 답하고, 세로 열쇠의 뜻을 보고 세로로 답을 해 십자말을 풀어 보세요.

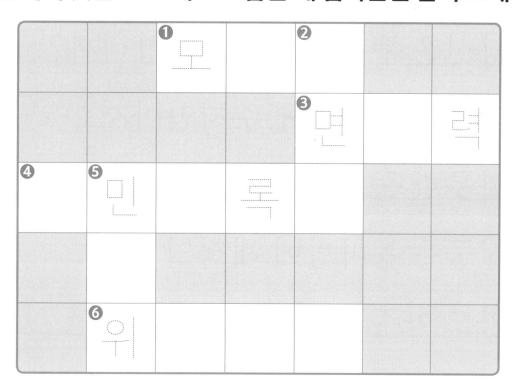

 가 로 열 쇠

❶ 잎나무나 검불 따위를 모아 놓고 피우는 불

❸ 외부에서 들어온 병원균에 저항하는 힘 (예 ○○○을 높이다.)

❹ 주민 등록법에 따라, 일정한 거주지에 거주하는 주민임을 나타내는 증명서

❻ 풍채나 기세가 위엄 있고 떳떳함. (예 암행어사는 ○○○○한 모습으로 나타났다.)

 세 로 열 쇠

❷ 밤에 잠을 자지 못하는 증세

❺ 적의 침략이나 천재지변 따위로 인한 피해를 막기 위하여 민간인이 주축이 되어 하는 비군사적인 방어 행위 (예 오늘은 재난 대비 ○○○ 훈련을 하였다.)

○ 김소월의 「개여울」을 소리 내어 읽고 천천히 따라 써 보세요.

당신은 무슨 일로 / 그리합니까?

홀로이 개여울에 주저앉아서

파릇한 풀포기가 / 돋아 나오고

잔물은 봄바람에 헤적일 때에

가도 아주 가지는 / 않노라시던

그러한 약속이 있었겠지요

날마다 개여울에 / 나와 앉아서

하염없이 무엇을 생각합니다

가도 아주 가지는 / 않노라심은

굳이 잊지 말라는 부탁인지요

정답은 100쪽에 있습니다.

오늘 날짜	매일 3분 운동을 했나요?(6~9쪽)	틀린 문제 확인했나요?	내 사인
년 월 일			

음력 5월 5일은 우리나라 명절 중 하나인 단오입니다. 숨은 그림 7개를 찾아 보세요.

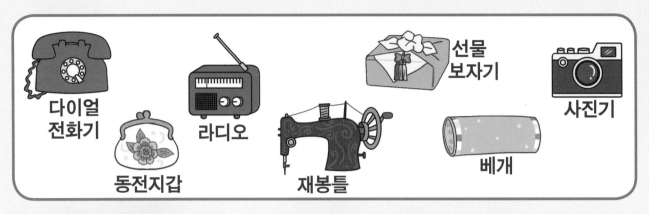

다이얼 전화기

라디오

선물 보자기

사진기

동전지갑

재봉틀

베개

○ 인어공주가 바다의 동물 친구들을 만나려 합니다. 길을 찾아
주세요. (길이 막히면 도로 뒤로 돌아가 다른 길을 찾아 보세요.)

◎ ( ) 안에 알맞은 단어를 넣어 속담을 완성하세요.

> **보기**
>
> 공교롭게 안 좋은 일이 생겼을 때
> **가는 날이 (장날) 이다.**

1 사소한 것이 거듭되어 나중에 크게 됨을 이릅니다.

( )에 옷 젖는 줄 모른다.

2 정성을 다한 일은 헛되지 않아 그만큼 보람이 있습니다.

공든 ( )이 무너지랴.

3 확실한 일이라도 다시 한 번 확인하고 조심하라는 뜻입니다.

( )도 두들겨 보고 건너라.

4 조리 있고 공손하게 말하면 어려운 일이나 불가능해 보이는 일
도 해결할 수 있다는 뜻입니다.

( ) 한마디로 천 냥 ( )을 갚는다.

5 자기 비위에 맞으면 좋아하고 그렇지 않으면 싫어한다는 의미
입니다.

달면 삼키고 ( ) ( ).

48

○ 각 그림의 그림자를 연결해 주세요.

정답은 **101**쪽에 있습니다.

10회 오늘의 기록			
오늘 날짜	**매일 3분 운동을 했나요?(6~9쪽)**	**틀린 문제 확인했나요?**	**내 사인**
년 월 일			

 **11**
회

빈센트 반 고흐의 그림 「오베르 쉬르 우아즈의 거리」입니다. 서로 다른 그림 5곳을 찾아 주세요.

○ 점선의 글자를 따라 쓴 후, 가로 열쇠의 뜻을 보고 가로로 답하고, 세로 열쇠의 뜻을 보고 세로로 답을 해 십자말을 풀어 보세요.

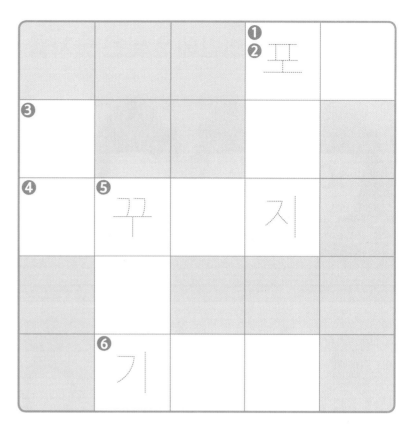

➡️ 가 로 열 쇠

① 조선 시대에, 포도청에 속한 군졸

④ 논, 개천 따위의 흙 속에 사는 미꾸릿과의 민물고기로, 몸의 길이는 10~20cm 정도이며 가늘고 미끄럽다.

⑥ 다른 동물체에 붙어서 양분을 빨아 먹고 사는 벌레

⬇️ 세 로 열 쇠

② 물건을 싸거나 꾸리는 데 쓰는 종이

③ 절지동물로 몸은 머리, 가슴과 배로 구분되며 다리는 네 쌍이고 날개와 더듬이가 없다.

⑤ 장난○○○ (장난이 심한 아이를 일컬음.)

○ 규칙에 따라 빈칸에 알맞은 숫자를 써 보세요.

10　20　　　　50

15　20　25　　　　　　50

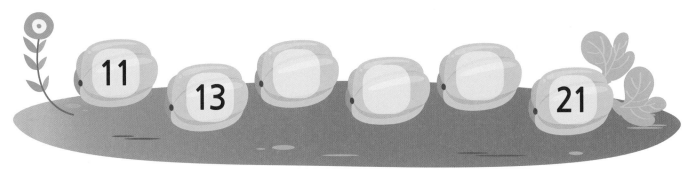

11　13　　　　　21

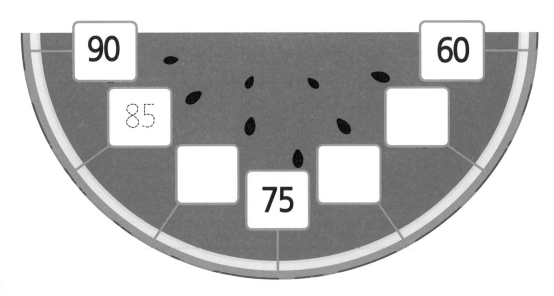

90　60
85
75

○ 〈보기〉와 같은 그림을 찾아 보세요. (　　　　)

①

②

③

④

정답은 102쪽에 있습니다.

11 회 오늘의 기록

오늘 날짜	매일 3분 운동을 했나요?(6~9쪽)	틀린 문제 확인했나요?	내 사인
년 월 　일			

여름휴가는 물놀이죠!
숨은 그림 7개를 찾아 보세요.

커피 주걱

아메리카노

카페라떼

조각 케이크

텀블러

음료 캐리어

우유

○ 물통의 색과 단어가 일치하는 것(10개)을 골라 동그라미 쳐 주세요.

○ 같은 모양의 쿠키를 세고, 몇 개씩인지 숫자를 써 주세요.

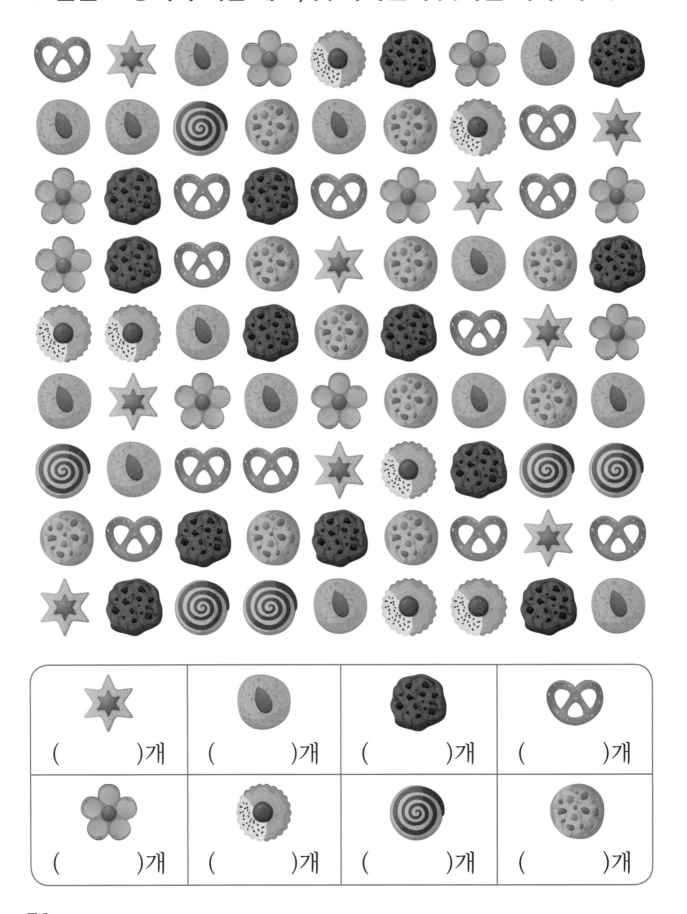

○ 초성(첫소리) 글자를 보고 메뉴의 이름을 써 보세요.

보기	ㅇ ㅁ ㄹ ㅋ ㄴ → 아메리카노

   ㅁ ㅅ ㄱ ㄹ → _____

   ㅇ ㄹ ㅈ ㅈ ㅅ → _____

   ㅍ ㅂ ㅅ → _____

   ㅅ ㄷ ㅇ ㅊ → _____

   ㅇ ㅇ ㅅ ㅋ ㄹ → _____

12회 오늘의 기록

정답은 103쪽에 있습니다.

오늘 날짜	매일 3분 운동을 했나요?(6~9쪽)	틀린 문제 확인했나요?	내 사인
년 월 일			

일러스트 그림 중 서로 다른 그림 5곳을
찾아 주세요.

◎ **점선의 글자를 따라 쓴 후, 가로 열쇠의 뜻을 보고 가로로 답하고, 세로 열쇠의 뜻을 보고 세로로 답을 해 십자말을 풀어 보세요.**

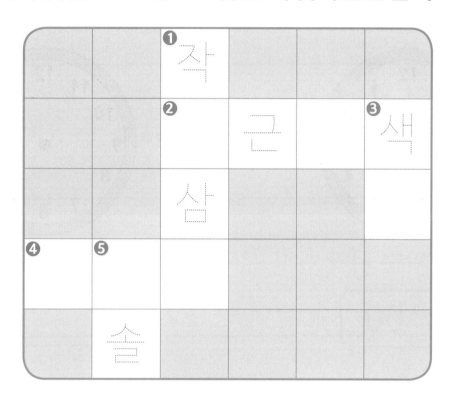

➡️ 가 로 열 쇠

❷ 심장 동맥이 막혔기 때문에 혈액 순환이 제대로 되지 않아 심장 근육에 괴사가 일어나는 병

❹ 나라의 경사를 기념하기 위하여, 국가에서 법률로 정한 경축일(삼일절, 제헌절, 광복절, 개천절, 한글날)

⬇️ 세 로 열 쇠

❶ 단단히 먹은 마음이 사흘을 가지 못한다는 뜻으로, 결심이 굳지 못함을 이르는 말

❸ 색채를 식별하는 감각이 불완전하여 빛깔을 가리지 못하거나 다른 빛깔로 잘못 보는 상태

❺ 말이나 행동이 조심성 없이 가벼움. (예 ○○한 말을 조심하세요.)

◉ 서울역에서 2시 정각에 기차를 타고 1시간 30분 후 천안에 도착합니다. 천안역에 내리는 시각을 적고 시곗바늘로 그려 보세요.

서울역 탑승 시각

2 : 00

1시간 30분 후

천안역 도착 시각

:

◉ 천안역에서 6시 10분 출발 기차를 기다렸는데 20분 연착이 되었습니다. 연착이 된 기차를 탑승하고 1시간 30분 후 서울역에 도착했습니다. 천안역에서 탔을 때의 시각과 서울역에 도착하여 내린 시각을 적고 시곗바늘로 그려 주세요.

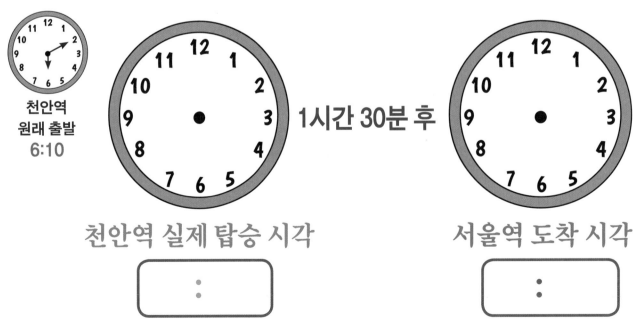

천안역
원래 출발
6:10

1시간 30분 후

천안역 실제 탑승 시각

:

서울역 도착 시각

:

○ 왼쪽 그림의 조각으로 완성한 것을 찾아 선으로 연결
하세요.

정답은 104쪽에 있습니다.

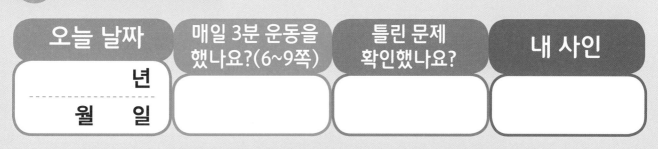

생일 잔치 모습입니다.
숨은 그림 7개를 찾아 보세요.

포도　　사과　　귤　　딸기　　바나나　　배　　복숭아

○ 빈칸에 알맞은 숫자와 사칙 연산 기호(+, −, ×, ÷)를 넣어 보세요.

$6 \times \boxed{} = 18 - \boxed{} = 12 + 7 = \boxed{}$

$+ \qquad \div \qquad \div$

$\qquad 2 \qquad \qquad 7$

$= \qquad = \qquad = $

$16 - 7 = \boxed{} \quad \div 3 = 3 + \boxed{} = 12$

$\div \qquad + \qquad \times$

$\qquad 8 \qquad 7$

$= \qquad = \qquad =$

$4 \boxed{} 13 = 17 \boxed{} 4 =$

$\times \qquad -$

$9 \qquad \qquad$

$= \qquad =$

$\boxed{} \div 3 = 12$

$- $

$12 \qquad 2$

$= \qquad =$

$24 \times \boxed{} = 24$

63

○ 권태응의 「도토리들」을 소리 내어 읽고 천천히 따라 써 보세요.

오롱종 매달린 도토리들,

바람에 우루루 떨어진다.

머리가 깨지면 어쩔라고

모자를 벗고서 내려오나.

날마다 우루루 도토리들

눈을 꼭 감고서 떨어진다.

아기네 동무와 놀고 싶어

무섬도 안 타고 내려온다.

정답은 105쪽에 있습니다.

오늘 날짜	매일 3분 운동을 했나요?(6~9쪽)	틀린 문제 확인했나요?	내 사인
년 월 일			

15
회

사물놀이 모습입니다.
서로 다른 그림 5곳을 찾아 주세요.

○ 점선의 글자를 따라 쓴 후, 가로 열쇠의 뜻을 보고 가로로 답하고, 세로 열쇠의 뜻을 보고 세로로 답을 해 십자말을 풀어 보세요.

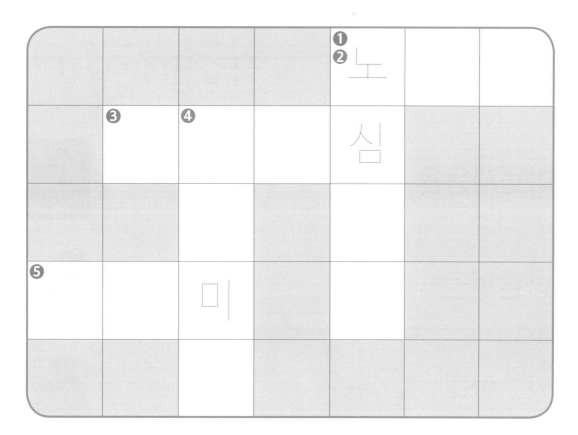

 가 로 열 쇠

❶ 명태의 새끼

❸ 마음과 마음으로 서로 뜻이 통함.

❺ 설거지할 때 그릇을 씻는 데 쓰는 물건

⬇ 세 로 열 쇠

❷ 몹시 마음을 쓰며 애를 태움.

❹ 마음이나 정신의 장애로 인하여 사물을 변별할 능력이나 의사를 결정할 능력이 미약한 상태. (예 ○○○○으로 형이 줄어들었다.)

○ 뒤죽박죽되어 있는 단어를 순서에 맞춰 알맞은 단어로 써 보세요.

| 보기 | 미국대술립관현 → 국립현대미술관 |

1. 마을새동운 → _____

2. 바흔위들 → _____

3. 강교한대 → _____

4. 무행나은 → _____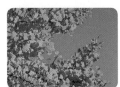

5. 남성산한 → _____

6. 워남타산 → _____

7. 관화세종회문 → _____

○ 각 그림의 그림자를 연결해 주세요.

15회 오늘의 기록

정답은 **106**쪽에 있습니다.

오늘 날짜	매일 3분 운동을 했나요?(6~9쪽)	틀린 문제 확인했나요?	내 사인
년 월 일			

전통 혼례(결혼식) 모습입니다.
숨은 그림 7개를 찾아 보세요.

전자렌지

세탁기

무선
청소기

TV

노트북

공기청정기

안마의자

○ 좌우가 바뀐 한글을 바르게 다시 써 주세요.

1. 소출ㅓㅍ ⟶ ☐☐☐

2. ㅓ딩중무ㅁ ⟶ ☐☐☐☐

3. ㅏㅈ버뱀 ⟶ ☐☐☐

4. ㅣ어ㅋ비 ⟶ ☐☐

5. ㅣ5ㅓㄱ남녕 ⟶ ☐☐☐☐

6. ㅓ미ㅊ틈주 ⟶ ☐☐☐

7. ㅓ빙틀딤쬠 ⟶ ☐☐☐

8. ㅏ쓰두벙 ⟶ ☐☐☐

○ 답이 같은 계산식끼리 선으로 이어 주세요.

보기 12 + 8 = 20 •

30 − 6 = ☐ •

16 − 8 = ☐ •

32 − 18 = ☐ •

9 + 9 = ☐ •

21 − 5 = ☐ •

27 − 12 = ☐ •

42 − 30 = ☐ •

15 − 8 = ☐ •

• 8 × 3 = ☐

• 7 × 2 = ☐

• 64 ÷ 8 = ☐

• 4 × 5 = 20

• 5 × 3 = ☐

• 49 ÷ 7 = ☐

• 6 × 3 = ☐

• 32 ÷ 2 = ☐

• 24 ÷ 2 = ☐

○ 사진을 보고 재료 이름을 써 주세요. 그리고 이 재료들로 완성된 요리는 어떤 음식일까요?

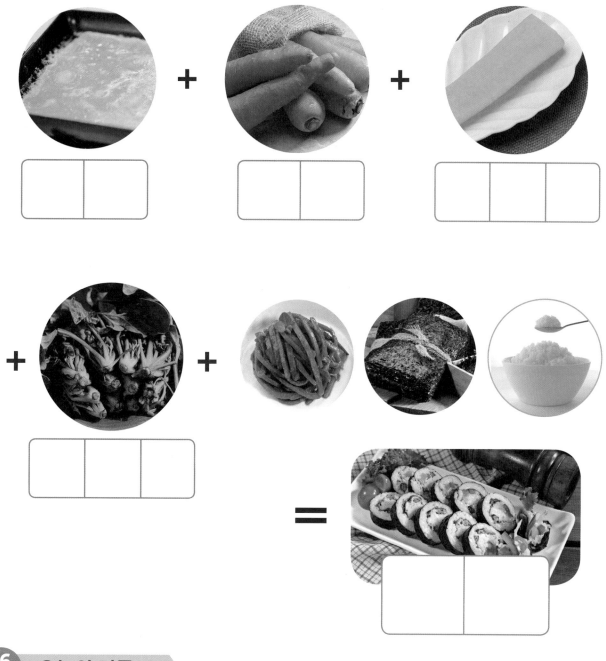

오늘 날짜	매일 3분 운동을 했나요?(6~9쪽)	틀린 문제 확인했나요?	내 사인
년 월 일			

서로 다른 그림 5곳을 찾아 주세요.

○ 점선의 글자를 따라 쓴 후, 가로 열쇠의 뜻을 보고 가로로 답하고, 세로 열쇠의 뜻을 보고 세로로 답을 해 십자말을 풀어 보세요.

	❶❷ 십		
❸			
❹	❺ 사		❻ 생

➡ 가로열쇠

❶ 기독교도를 상징하는 '十' 자 모양의 표

❸ 금속으로 만든 관악기의 하나. 군대에서 행군하거나 신호할 때 쓴다.

❹ 아홉 번 죽을 뻔하다 한 번 살아난다는 뜻으로, 죽을 고비를 여러 차례 넘기고 겨우 살아남을 이르는 말

⬇ 세로열쇠

❷ 열에 여덟이나 아홉 정도로 거의 예외가 없음.

❺ 사람이 태어난 연월일시의 네 간지(干支). 또는 이를 근거로 사람의 길흉화복을 알아보는 점 (예 ○○팔자)

❻ 세상에 태어난 날을 기념하는 해마다의 그날

○ 1번(◉)부터 55번(◉)까지 순서대로 점을 이어 그림을 완성해 보세요.

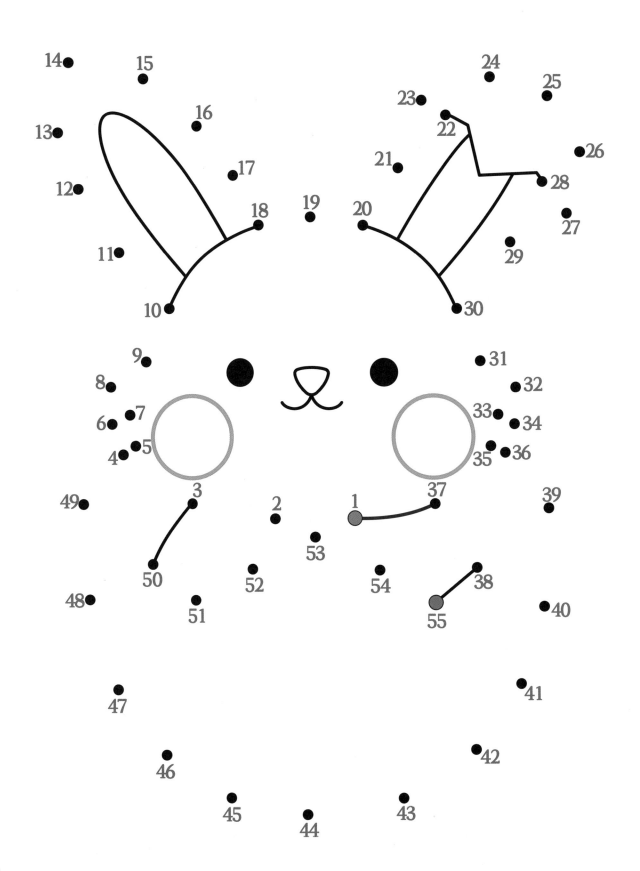

◎ 전라북도 ☐☐ 지방에 전통적인 ☐☐ 밥이

유명하지요. 예쁘게 색칠해 주세요.

오늘 날짜	매일 3분 운동을 했나요?(6~9쪽)	틀린 문제 확인했나요?	내 사인
년 월 일			

연중행사 중 **단풍놀이**는 빠질 수 없지요.
숨은 그림 **6**개를 찾아 보세요.

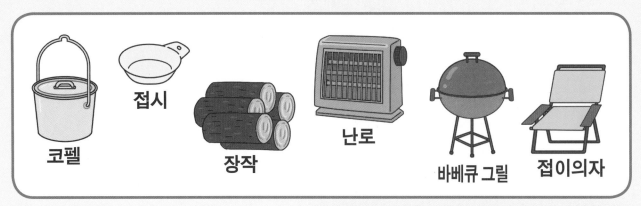

코펠 | 접시 | 장작 | 난로 | 바베큐 그릴 | 접이의자

○ 나머지 반쪽을 찾아 이어 주세요.

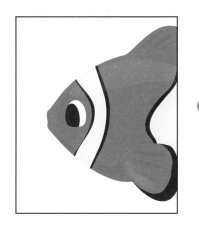

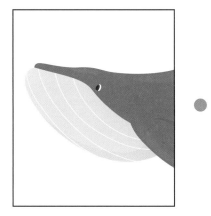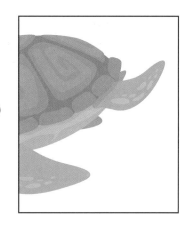

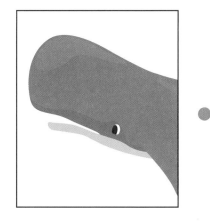

○ 시장에서 식품을 사려고 합니다. 다음 글을 읽고 알맞게 계산해 보세요.

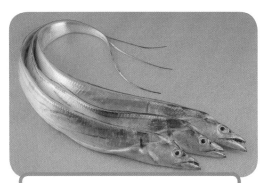

한 마리 : 12,000원

문제 1

갈치는 한 마리에 12,000원입니다. 세 마리에 얼마인가요?

(원)

5개 : 10,000원

문제 2

사과는 5개에 만 원이라고 쓰여 있습니다. 사과를 3개만 살 거예요. 얼마인가요?

(원)

한 봉지 : 1,000원

문제 3

오이는 한 봉지에 두 개씩 묶여 있고, 한 봉지 가격은 1,000원입니다. 오이 10개를 사려면 몇 봉지를 사고 얼마를 내야 할까요?

(봉지   원)

○ 백설공주가 일곱 난쟁이들에게 가려 합니다. 길을 찾아 주세요. (길이 막히면 도로 뒤로 돌아가 다른 길을 찾아 보세요.)

출발▶

도착★

정답은 109쪽에 있습니다.

18
회 **오늘의 기록**

오늘 날짜	매일 3분 운동을 했나요?(6~9쪽)	틀린 문제 확인했나요?	내 사인
년 월 일			

서로 다른 그림 5곳을 찾아 주세요.

점선의 글자를 따라 쓴 후, 가로 열쇠의 뜻을 보고 가로로 답하고, 세로 열쇠의 뜻을 보고 세로로 답을 해 십자말을 풀어 보세요.

			❶운	
	❷❸흥			
	❹			❺
❻	간			

➡ 가 로 열 쇠

❷ 허균의 소설 <○○○전>의 주인공. 신출귀몰하는 재주를 가진 의적의 우두머리이다.

❹ 인공적으로 만든 가죽

❻ 집안 살림에 쓰는 온갖 물건 (≒○○살이)

⬇ 세 로 열 쇠

❶ 사람이 몸을 단련하거나 건강을 위하여 몸을 움직이는 일

❸ 널리 인간을 이롭게 함. 단군의 건국 이념으로서 우리나라 정치, 교육, 문화의 최고 이념이다.

❺ 대(대나무)의 땅속줄기에서 돋아나는 어린싹

○ 이상화의 「농촌의 집」을 소리 내어 읽고 천천히 따라 써 보세요.

아버지는 지게 지고 논밭으로 가고요,

어머니는 광지 이고 시냇가로 갔어요.

자장자장 울지 마라 나의 동생아,

네가 울면 나 혼자서 어찌하라고

해가 져도 어머니는 왜 오시지 않나.

귀한 동생 배고파서 울기만 합니다.

자장자장 울지 마라 나의 동생아,

저기 저기 돌아오나 마중 가 보자.

정답은 **110**쪽에 있습니다.

19회	오늘의 기록

오늘 날짜	매일 3분 운동을 했나요?(6~9쪽)	틀린 문제 확인했나요?	내 사인
년 월 일			

크리스마스 입니다.
숨은 그림 **7**개를 찾아 보세요.

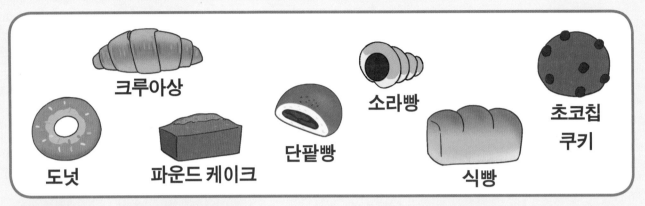

크루아상

도넛

파운드 케이크

단팥빵

소라빵

식빵

초코칩
쿠키

○ 서로 연관된 사진끼리 선을 이어 주세요.

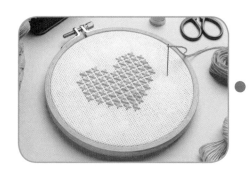

○ (　　) 안에 알맞은 단어를 넣어 속담을 완성하세요.

<table>
<tr><td>보기</td><td>지난 일은 기억 못 하고 처음부터 그랬던 것처럼 잘난체한다.
개구리 (올챙이) 적 생각 못 한다.</td></tr>
</table>

1 말은 쉽고 행동은 어렵다는 뜻
고양이 목에 (　　　　) 달기

2 들어온 지 얼마 안 되는 사람이 오래전부터 있던 사람을 내쫓으려 할 때
굴러온 (　　)이 박힌 (　　) 빼낸다.

3 앞으로 어떻게 될지 모르는 상황에서 지레짐작해 행동으로 옮기지 말라는 뜻
(　　　　　)부터 마시지 마라.

4 남이 하는 일은 왠지 쉬워 보이고, 똑같은 물건도 남의 것이 더 좋아 보인다는 뜻
남의 (　　) 이 더 커 보인다.

5 아무리 재주가 뛰어나도 그보다 더 뛰어난 사람이 있다는 뜻
뛰는 놈 위에 (　　　　) 놈 있다.

○ 각 그림의 그림자를 연결해 주세요.

정답은 111쪽에 있습니다.

20
회 **오늘의 기록**

오늘 날짜	매일 3분 운동을 했나요?(6~9쪽)	틀린 문제 확인했나요?	내 사인
년 월 일			

상 장

성 명 _____

위 사람은 생활 속에서 관심이 많고 열심히 배우며

궁금증을 풀기 위해 온 마음과 힘을 기울이는 모습이

다른 사람들에게 모범이 되므로

이 상장을 수여합니다.

도서출판 큰그림 드림

정답

오늘도
재밌는
뇌운동

01회 정답

빈센트 반 고흐의 그림 「아를의 침실」입니다.
서로 다른 그림 5곳을 찾아 주세요.

10

○점선의 글자를 따라 쓴 후, 가로 열쇠의 뜻을 보고 가로로 답하고, 세로 열쇠의 뜻을 보고 세로로 답을 해 십자말을 풀어 보세요.

①②까	치	설	③날	
마			④씨	앗
⑤귀	⑥마	개		
	침			
	⑦내	년		

가로 열쇠

❶ 어린아이의 말로, 설날의 전날 곧 섣달그믐날을 이르는 말
(⑩○○○○은 어저께고요, 우리 설날은 오늘이래요.)
❹ 곡식이나 채소 따위의 씨
❺ 귀가 시리지 않도록 귀를 덮는 물건
❼ 올해의 다음해

세로 열쇠

❷ ○○○ 날자 배 떨어진다
❸ 그날 그날의 비, 구름, 바람, 기온 따위가 나타나는 기상 상태
(⑩○○가 춥다.)
❻ 드디어 마지막에는 (⑩ 둘이 ○○○ 만났다.)

11

○결과값이 나오도록 빈칸에 알맞은 숫자를 넣어 완성해 주세요.

보기		
12		
6	+	6
14	−	2
4	×	3
24	÷	2

10		
5	+	5
8	+	2
2	×	5
30	÷	3

20		
10	+	10
11	+	9
5	×	4
40	÷	2

○사진이 나타내는 단어를 써 주세요. 그리고 사진의 재료를 다 합하여 뚝배기에 끓여 내면 어떤 음식이 되는지 써 주세요.

된장 감자 두부

양파 애호박

된장찌개

12

○〈보기〉와 같은 그림을 찾아 보세요. (②)

 보기

①

②

③

④

오늘의 기록

정답은 92쪽에 있습니다.

오늘 날짜	매일 3분 운동을 했나요?(6~9쪽)	틀린 문제 확인했나요?	내 사인
년 월 일			

13

92

연중행사인 김장을 하고 있는 가족 그림입니다.
숨은 그림 **7**개를 찾아 보세요.

통마늘 새우젓 쪽파 무 고추 생강 양파

14

○ 물감의 색과 단어가 일치하는 것(10개)를 골라 동그라미 쳐 주세요.

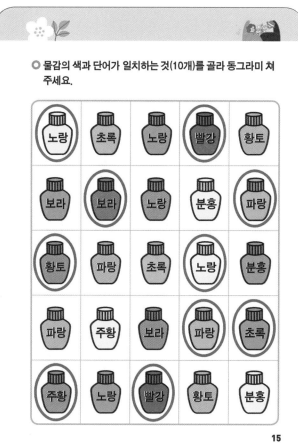

노랑	초록	노랑	빨강	황토
보라	보라	노랑	분홍	파랑
황토	파랑	초록	노랑	분홍
파랑	주황	보라	파랑	초록
주황	노랑	빨강	황토	분홍

15

○ 김장 재료를 사기 위해 시장에 갔습니다.
아래 그림의 가격을 보고 문제를 풀어 보세요.

무 1개 : 1,500원   대파 1단 : 2,500원   배추 1포기 : 3,000원

고춧가루 1kg :
30,000원   마늘 1kg :
7,000원   생강 1kg :
10,000원

문제 1 야채 가게에서 무 10개와 대파 2단을 주문했습니다.
모두 얼마인가요?
(15,000원 + 5,000원 = 20,000 원)

문제 2 배추는 10포기씩 세 집이 담아갈 거예요.
전체 몇 포기를 사고 얼마를 주면 될까요?
(30 포기, 90,000 원)

문제 3 고춧가루 1kg, 마늘 2kg, 생강 500g을 샀습니다.
모두 얼마인가요?
(30,000 + 14,000 + 5,000 = 49,000 원)

16

○ 초성(첫소리) 글자를 보고 김치 종류의 이름을 써 보세요.

보기	ㅍ ㄱ ㄱ ㅊ → 포기김치

ㅇ ㅇ ㅅ ㅂ ㅇ → 오이소박이

ㄲ ㄷ ㄱ → 깍두기

ㅊ ㄱ ㄱ ㅊ → 총각김치

ㄷ ㅊ ㅁ → 동치미

ㄱ ㅈ ㅇ → 겉절이

02회 오늘의 기록

정답은 **93**쪽에 있습니다.

오늘 날짜	매일 3분 운동을 했나요?(6~9쪽)	틀린 문제 확인했나요?	내 사인
년
월 일			

17

03회

이중섭의 그림 「물고기와 노는 세 아이」입니다.
서로 다른 그림 5곳을 찾아 주세요.

18

○점선의 글자를 따라 쓴 후, 가로 열쇠의 뜻을 보고 가로로 답 하고, 세로 열쇠의 뜻을 보고 세로로 답을 해 십자말을 풀어 보세요.

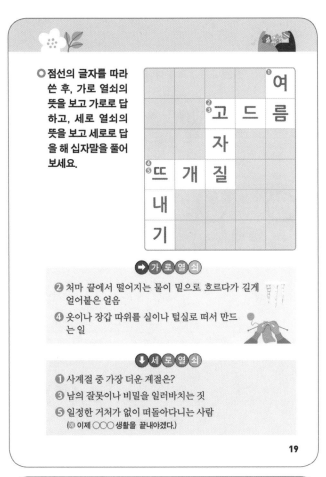

➡ 가 로 열 쇠

❷ 처마 끝에서 떨어지는 물이 밑으로 흐르다가 길게 얼어붙은 얼음

❹ 옷이나 장갑 따위를 실이나 털실로 떠서 만드는 일

⬇ 세 로 열 쇠

❶ 사계절 중 가장 더운 계절은?

❸ 남의 잘못이나 비밀을 일러바치는 짓

❺ 일정한 거처가 없이 떠돌아다니는 사람
(⑩ 이제 ○○○ 생활을 끝내겠다.)

19

○오른쪽에 시간을 적어 주세요. 그리고 시계에 바늘을 그려 보세요.

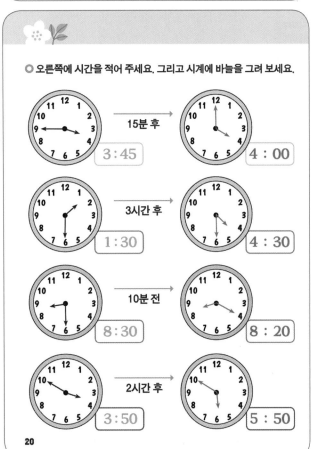

○돼지 얼굴입니다. 나머지 반쪽을 그려 완성해 주고, 예쁘게 색칠해 주세요.

03회 오늘의 기록

정답은 94쪽에 있습니다.

오늘 날짜	매일 3분 운동을 했나요?(6~9쪽)	틀린 문제 확인했나요?	내 사인
년 월 일			

20

21

04회 우리나라 전통적인 명절 설날에 차례를 지내는 모습니다. 숨은 그림 **7개**를 찾아 보세요.

족두리 / 윷 / 벼루와 먹 / 복주머니 / 돈 / 연하장 / 연

22

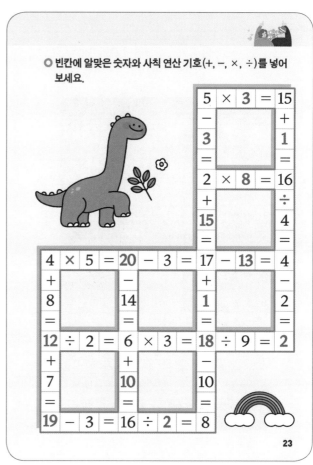

○ 빈칸에 알맞은 숫자와 사칙 연산 기호(+, −, ×, ÷)를 넣어 보세요.

23

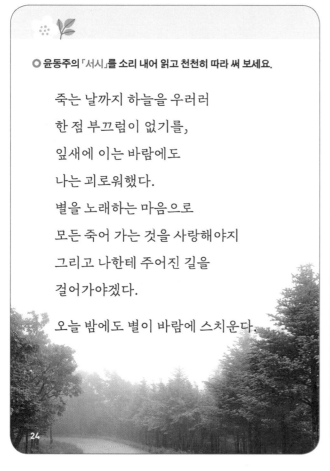

○ 윤동주의 「서시」를 소리 내어 읽고 천천히 따라 써 보세요.

죽는 날까지 하늘을 우러러
한 점 부끄럼이 없기를,
잎새에 이는 바람에도
나는 괴로워했다.
별을 노래하는 마음으로
모든 죽어 가는 것을 사랑해야지
그리고 나한테 주어진 길을
걸어가야겠다.

오늘 밤에도 별이 바람에 스치운다.

24

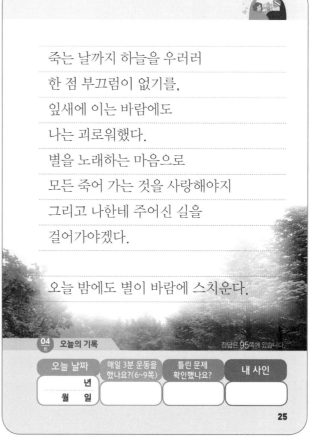

죽는 날까지 하늘을 우러러
한 점 부끄럼이 없기를,
잎새에 이는 바람에도
나는 괴로워했다.
별을 노래하는 마음으로
모든 죽어 가는 것을 사랑해야지
그리고 나한테 주어신 길을
걸어가야겠다.

오늘 밤에도 별이 바람에 스치운다.

04회 오늘의 기록 정답은 95쪽에 있습니다.

오늘 날짜	매일 3분 운동을 했나요?(6~9쪽)	틀린 문제 확인했나요?	내 사인
년 월 일			

25

05회 정답

05회 이탈리아 화가 보티첼리의 그림 「비너스의 탄생」입니다. 서로 다른 그림 5곳을 찾아 주세요.

26

점선의 글자를 따라 쓴 후, 가로 열쇠의 뜻을 보고 가로로 답하고, 세로 열쇠의 뜻을 보고 세로로 답을 해 십자말을 풀어 보세요.

			❶❷은	퇴
❸세	계	❹여	행	
		의		
	❺주	❻치	의	
		과		

 가 로 열 쇠

❶ 직임에서 물러나거나 사회 활동에서 손을 떼고 한가히 지냄. (≒ 퇴직)

❸ 세계 곳곳을 다니는 여행

❺ 어떤 사람의 병을 맡아서 치료하는 의사

 세 로 열 쇠

❷ 예금을 받아 그 돈을 자금으로 하여 대출, 어음 거래, 증권의 인수 따위를 업무로 하는 금융 기관 (◉ ○○에서 예금을 찾다.)

❹ 용의 턱 아래에 있는 영묘한 구슬 (◉ ○○○를 입에 문 용이 하늘로 올라가는 꿈)

❻ 치아, 입안, 치아와 연결된 턱이나 얼굴 등의 질환을 치료하는 의학 분야 (◉ ○○에 가서 이를 뽑았다.)

27

 좌우가 바뀐 한글을 바르게 다시 써 주세요.

1. 철하지 → 지하철

2. 락가발 → 발가락

3. 생동남 → 남동생

4. 이린어 → 어린이

5. 리머슬곱 → 곱슬머리

6. 거전자 → 자전거

7. 터퓨컴 → 컴퓨터

8. 새무앵 → 앵무새

28

각 그림의 그림자를 연결해 주세요.

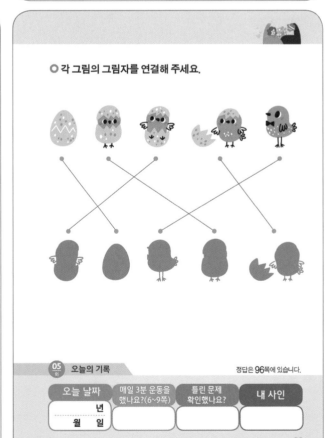

05회 오늘의 기록

오늘 날짜	매일 3분 운동을 했나요?(6~9쪽)	틀린 문제 확인했나요?	내 사인
년 월 일			

29

96

06
회

처음 만나는 선생님과 친구들로 무척 설레는 초등학교 입학식 그림입니다.
숨은 그림 **7개**를 찾아 보세요.

교과서　책가방　석탄 난로　풍금　도시락　실내화　신발 주머니

30

○ 뒤죽박죽되어 있는 단어를 순서에 맞춰 알맞은 단어로 써 보세요.

보기	빔돌밥비솥	→	돌솥비빔밥

1. 공이원놀　→　놀이공원

2. 욕수장해　→　해수욕장

3. 한민대국　→　대한민국

4. 대원서울공　→　서울대공원

5. 중목대탕욕　→　대중목용탕

6. 공립원국　→　국립공원

7. 맥산백태　→　태백산맥

31

○ 쿠폰 숫자를 다 더한 값이 같은 것끼리 선으로 이으세요.

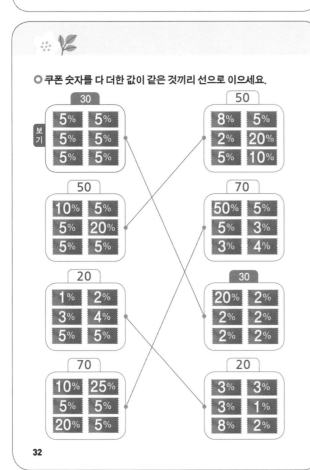

32

○ 사진이 나타내는 단어를 써 주세요. 그리고 사진의 재료를 합하여 요리하면 어떤 음식이 되는지 써 주세요.

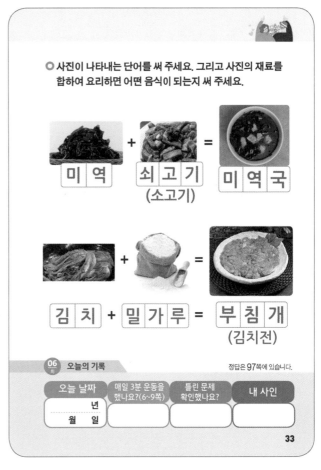

미 역 ＋ 쇠 고 기 (소고기) ＝ 미 역 국

김 치 ＋ 밀 가 루 ＝ 부 침 개 (김치전)

06회 오늘의 기록

정답은 97쪽에 있습니다.

오늘 날짜	매일 3분 운동을 했나요?(6~9쪽)	틀린 문제 확인했나요?	내 사인
년 월 일			

33

07회 정답

07회 유럽의 거리에서 만날 수 있는 예술가들입니다.
서로 다른 그림 5곳을 찾아 주세요.

34

○ 점선의 글자를 따라 쓴 후, 가로 열쇠의 뜻을 보고 가로로 답하고, 세로 열쇠의 뜻을 보고 세로로 답을 해 십자말을 풀어 보세요.

신	화		
	장		
	품	앗	이
			열
	백	김	치
			열

→ 가로열쇠

① 그리스 로마 ○○
(고대인의 사유가 반영된 신성한 이야기)

③ 힘든 일을 서로 거들어 주면서 품을 지고 갚고 하는 일

⑤ 고춧가루를 쓰지 않거나 적게 써서 허옇게 담근 김치

↓ 세로열쇠

② 화장하는 데 쓰는 크림, 분, 향수 따위를 통틀어 이르는 말

④ 열은 열로써 다스림. 열이 날 때에 땀을 낸다든지, 더위를 뜨거운 차를 마셔서 이기는 따위를 이를 때에 흔히 쓰는 말이다.

35

○ 컬러푸드(color food)는 건강한 삶을 유지하는 데 도움을 주는 건강식품입니다. 보라색 식품은 심장병 예방과 독소를 제거하고, 빨간색 식품은 더 예뻐지게 한답니다.

그림 속 식품의 이름을 쓰고 보라색과 빨간색 중 알맞은 색으로 칠해 주세요.

보기

가 지

사 과

딸 기

포 도

36

○ 〈보기〉와 같은 그림을 찾아 보세요. (④)

보기

① ②

③ ④

07회 오늘의 기록

정답은 98쪽에 있습니다.

오늘 날짜	매일 3분 운동을 했나요?(6~9쪽)	틀린 문제 확인했나요?	내 사인
년 월 일			

37

98

08
회
봄꽃을 즐기는 벚꽃 놀이입니다.
숨은 그림 7개를 찾아 보세요.

청사초롱 호박엿 호미 다과상 호롱불 도자기 부채

38

○ 1번(◎)부터 25번(◎)까지 순서대로 점을 이어 그림을 완성해 보세요.

39

○ 0부터 4씩 커지는 수를 이어지도록 따라가면서 네모 칸에 색칠해 주세요.

0	4	3	5	12
1	8	7	13	18
4	12	16	18	20
22	26	20	24	28
23	32	26	30	32
60	56	21	40	36
44	52	48	44	38

40

○ 규칙적인 순서에 맞게 색을 색칠하세요.

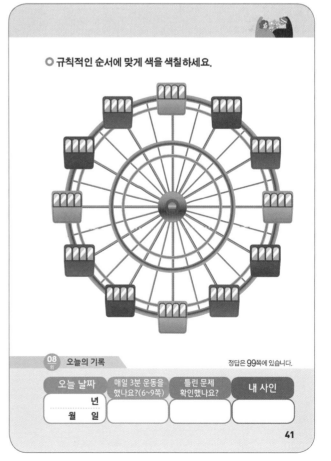

08
회
오늘의 기록

정답은 99쪽에 있습니다.

오늘 날짜	매일 3분 운동을 했나요?(6~9쪽)	틀린 문제 확인했나요?	내 사인
년 월 일			

41

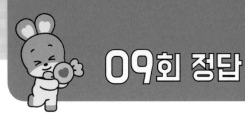

09회 정답

동화 그림입니다.
서로 다른 그림
5곳을 찾아
주세요.

42

○ 점선의 글자를 따라 쓴 후, 가로 열쇠의 뜻을 보고 가로로 답하고,
세로 열쇠의 뜻을 보고 세로로 답을 해 십자말을 풀어 보세요.

		①모	닥	②불	
				③면	역	력
④주	⑤민	등	록	증	
	방				
	⑥위	풍	당	당	

 가 로 열 쇠

❶ 잎나무나 검불 따위를 모아 놓고 피우는 불
❸ 외부에서 들어온 병원균에 저항하는 힘 (◎○○○을 높이다.)
❹ 주민 등록법에 따라, 일정한 거주지에 거주하
는 주민임을 나타내는 증명서
❻ 풍채나 기세가 위엄 있고 떳떳함. (◎ 암행어사는 ○○○○한 모습
으로 나타났다.)

세 로 열 쇠

❷ 밤에 잠을 자지 못하는 증세
❺ 적의 침략이나 천재지변 따위로 인한 피해를 막기 위하여 민
간인이 주축이 되어 하는 비군사적인 방어 행위 (◎ 오늘은 재
난 대비 ○○○ 훈련을 하였다.)

43

○ 김소월의 「개여울」을 소리 내어 읽고 천천히 따라 써 보세요.

당신은 무슨 일로 / 그리합니까?

홀로이 개여울에 주저앉아서

파릇한 풀포기가 / 돋아 나오고

잔물은 봄바람에 헤적일 때에

가도 아주 가지는 / 않노라시던

그러한 약속이 있었겠지요

날마다 개여울에 / 나와 앉아서

하염없이 무엇을 생각합니다

가도 아주 가지는 / 않노라심은

굳이 잊지 말라는 부탁인지요

44

당신은 무슨 일로 / 그리합니까?

홀로이 개여울에 주저앉아서

파릇한 풀포기가 / 돋아 나오고

잔물은 봄바람에 헤적일 때에

가도 아주 가지는 / 않노라시던

그러한 약속이 있었겠지요

날마다 개여울에 / 나와 앉아서

하염없이 무엇을 생각합니다

가도 아주 가지는 / 않노라심은

굳이 잊지 말라는 부탁인지요

09회 오늘의 기록　　　　　　정답은 100쪽에 있습니다.

| 오늘 날짜 | 매일 3분 운동을
했나요?(6~9쪽) | 틀린 문제
확인했나요? | 내 사인 |
|---|---|---|---|
| 년
월　일 | | | |

45

10회

음력 5월 5일은 우리나라 명절 중 하나인 **단오**입니다. 숨은 그림 **7**개를 찾아 보세요.

다이얼 전화기 / 동전지갑 / 라디오 / 재봉틀 / 선물 보자기 / 베개 / 사진기

46

○ 인어공주가 바다의 동물 친구들을 만나려 합니다. 길을 찾아 주세요. (길이 막히면 도로 뒤로 돌아가 다른 길을 찾아 보세요.)

47

○ ( ) 안에 알맞은 단어를 넣어 속담을 완성하세요.

보기
공교롭게 안 좋은 일이 생겼을 때
가는 날이 (장날)이다.

① 사소한 것이 거듭되어 나중에 크게 됨을 이릅니다.
(**가랑비**)에 옷 젖는 줄 모른다.

② 정성을 다한 일은 헛되지 않아 그만큼 보람이 있습니다.
공든 (**탑**)이 무너지랴.

③ 확실한 일이라도 다시 한 번 확인하고 조심하라는 뜻입니다.
(**돌다리**)도 두들겨 보고 건너라.

④ 조리 있고 공손하게 말하면 어려운 일이나 불가능해 보이는 일도 해결할 수 있다는 뜻입니다.
(**말**) 한마디로 천 냥 (**빚**)을 갚는다.

⑤ 자기 비위에 맞으면 좋아하고 그렇지 않으면 싫어한다는 의미입니다.
달면 삼키고 (**쓰면**)(**뱉는다**).

48

○ 각 그림의 그림자를 연결해 주세요.

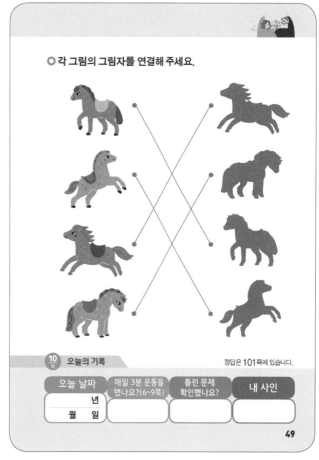

10회 오늘의 기록

정답은 101쪽에 있습니다.

오늘 날짜	매일 3분 운동을 했나요?(6~9쪽)	틀린 문제 확인했나요?	내 사인
년 월 일			

49

101

11회 정답

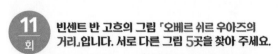

빈센트 반 고흐의 그림 「오베르 쉬르 우아즈의 거리」입니다. 서로 다른 그림 5곳을 찾아 주세요.

50

○점선의 글자를 따라 쓴 후, 가로 열쇠의 뜻을 보고 가로로 답하고, 세로 열쇠의 뜻을 보고 세로로 답을 해 십자말을 풀어 보세요.

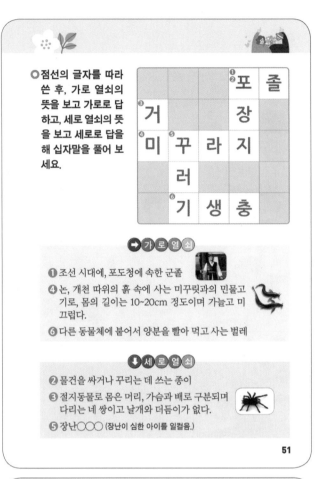

➡ 가로 열쇠

❶ 조선 시대에, 포도청에 속한 군졸

❹ 논, 개천 따위의 흙 속에 사는 미꾸릿과의 민물고기로, 몸의 길이는 10~20cm 정도이며 가늘고 미끄럽다.

❻ 다른 동물체에 붙어서 양분을 빨아 먹고 사는 벌레

⬇ 세로 열쇠

❷ 물건을 싸거나 꾸리는 데 쓰는 종이

❸ 절지동물로 몸은 머리, 가슴과 배로 구분되며 다리는 네 쌍이고 날개와 더듬이가 없다.

❺ 장난○○○ (장난이 심한 아이를 일컬음.)

51

○규칙에 따라 빈칸에 알맞은 숫자를 써 보세요.

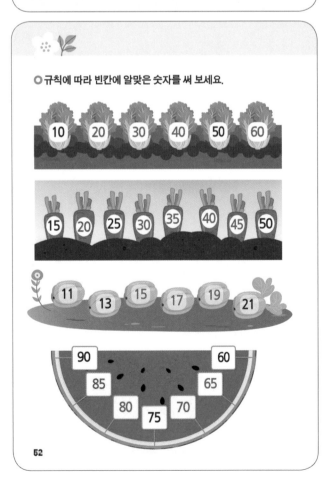

52

○ 〈보기〉와 같은 그림을 찾아 보세요. (①)

○ 물통의 색과 단어가 일치하는 것(10개)을 골라 동그라미 쳐 주세요.

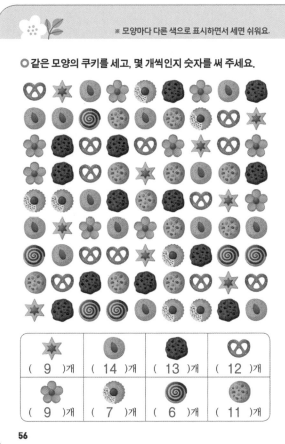

※ 모양마다 다른 색으로 표시하면서 세면 쉬워요.

○ 같은 모양의 쿠키를 세고, 몇 개씩인지 숫자를 써 주세요.

★			🥨
(9)개	(14)개	(13)개	(12)개
(9)개	(7)개	(6)개	(11)개

○ 초성(첫소리) 글자를 보고 메뉴의 이름을 써 보세요.

보기	ㅇㅁㄹㅋㄴ → 아메리카노

ㅁㅅㄱㄹ → 미숫가루

ㅇㄹㅈㅈㅅ → 오렌지 주스

ㅍㅂㅅ → 팥빙수

ㅅㄷㅇㅊ → 샌드위치

ㅇㅇㅅㅋㄹ → 아이스크림

12회 오늘의 기록   정답은 103쪽에 있습니다.

오늘 날짜	매일 3분 운동을 했나요?(6~9쪽)	틀린 문제 확인했나요?	내 사인
년 월 일			

13회 정답

13회 일러스트 그림 중 서로 다른 그림 5곳을 찾아 주세요.

58

○ 점선의 글자를 따라 쓴 후, 가로 열쇠의 뜻을 보고 가로로 답하고, 세로 열쇠의 뜻을 보고 세로로 답을 해 십자말을 풀어 보세요.

		❶작		
	❷심	근	경	❸색
		삼		맹
❹국	❺경	일		
	솔			

➡️ 가로열쇠

❷ 심장 동맥이 막혔기 때문에 혈액 순환이 제대로 되지 않아 심장 근육에 괴사가 일어나는 병

❹ 나라의 경사를 기념하기 위하여, 국가에서 법률로 정한 경축일(삼일절, 제헌절, 광복절, 개천절, 한글날)

⬇️ 세로열쇠

❶ 단단히 먹은 마음이 사흘을 가지 못한다는 뜻으로, 결심이 굳지 못함을 이르는 말

❸ 색채를 식별하는 감각이 불완전하여 빛깔을 가리지 못하거나 다른 빛깔로 잘못 보는 상태

❺ 말이나 행동이 조심성 없이 가벼움. (예 ○○○한 말을 조심하세요.)

59

○ 서울역에서 2시 정각에 기차를 타고 1시간 30분 후 천안에 도착합니다. 천안역에 내리는 시각을 적고 시곗바늘로 그려 보세요.

  1시간 30분 후

서울역 탑승 시각
2 : 00

천안역 도착 시각
3 : 30

○ 천안역에서 6시 10분 출발 기차를 기다렸는데 20분 연착이 되었습니다. 연착이 된 기차를 탑승하고 1시간 30분 후 서울역에 도착했습니다. 천안역에서 탔을 때의 시각과 서울역에 도착하여 내린 시각을 적고 시곗바늘로 그려 주세요.

천안역 원래 출발
6:10

  1시간 30분 후

천안역 실제 탑승 시각
6 : 30

서울역 도착 시각
8 : 00

60

○ 왼쪽 그림의 조각으로 완성한 것을 찾아 선으로 연결하세요.

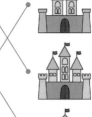

13회 오늘의 기록   정답은 104쪽에 있습니다.

오늘 날짜	매일 3분 운동을 했나요?(6~9쪽)	틀린 문제 확인했나요?	내 사인
년 월 일			

61

14
회

생일 잔치 모습입니다.
숨은 그림 **7**개를 찾아 보세요.

사과 딸기 배

포도 귤 바나나 복숭아

62

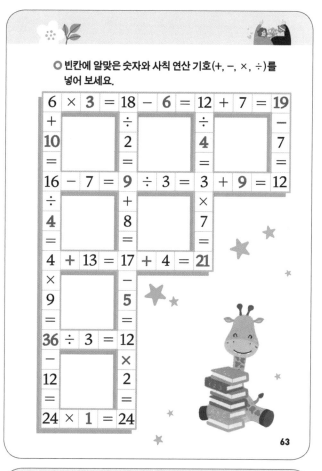

○ 빈칸에 알맞은 숫자와 사칙 연산 기호(+, −, ×, ÷)를
넣어 보세요.

6	×	3	=	18	−	6	=	12	+	7	=	19
+				÷				÷				−
10				2				4				7
=				=				=				=
16	−	7	=	9	÷	3	=	3	+	9	=	12
÷				+				×				
4				8				7				
=				=				=				
4	+	13	=	17	+	4	=	21				
×				−								
9				5								
=												
36	÷	3	=	12								
−				×								
12				2								
=				=								
24	×	1	=	24								

63

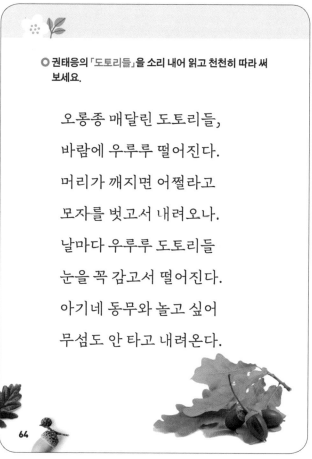

○ 권태응의 「도토리들」을 소리 내어 읽고 천천히 따라 써
보세요.

오롱종 매달린 도토리들,

바람에 우루루 떨어진다.

머리가 깨지면 어쩔라고

모자를 벗고서 내려오나.

날마다 우루루 도토리들

눈을 꼭 감고서 떨어진다.

아기네 동무와 놀고 싶어

무섭도 안 타고 내려온다.

64

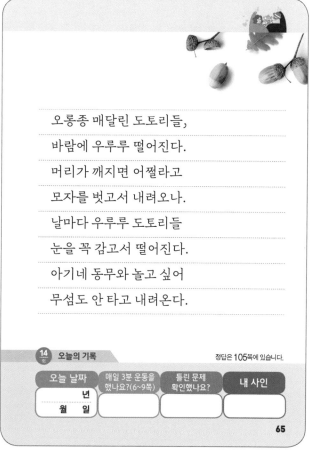

오롱종 매달린 도토리들,

바람에 우루루 떨어진다.

머리가 깨지면 어쩔라고

모자를 벗고서 내려오나.

날마다 우루루 도토리들

눈을 꼭 감고서 떨어진다.

아기네 동무와 놀고 싶어

무섭도 안 타고 내려온다.

14
회 오늘의 기록

정답은 105쪽에 있습니다.

오늘 날짜	매일 3분 운동을 했나요?(6~9쪽)	틀린 문제 확인했나요?	내 사인
년 월 일			

65

15회 정답

66

15 회 사물놀이 모습입니다.
서로 다른 그림 5곳을 찾아 주세요.

67

○점선의 글자를 따라 쓴 후, 가로 열쇠의 뜻을 보고 가로로 답하고, 세로 열쇠의 뜻을 보고 세로로 답을 해 십자말을 풀어 보세요.

				❶❷노	가	리
	❸이	❹심	전	심		
		신		초		
	❺수	세	미	사		
		약				

→ 가 로 열 쇠

❶ 명태의 새끼
❸ 마음과 마음으로 서로 뜻이 통함.
❺ 설거지할 때 그릇을 씻는 데 쓰는 물건

↓ 세 로 열 쇠

❷ 몹시 마음을 쓰며 애를 태움.
❹ 마음이나 정신의 장애로 인하여 사물을 변별할 능력이나 의사를 결정할 능력이 미약한 상태. (◉ ○○○○으로 형이 줄어들었다.)

68

○뒤죽박죽되어 있는 단어를 순서에 맞춰 알맞은 단어로 써 보세요.

보기	미국대술립관현	→	국립현대미술관

1. 마을새동운 → 새마을운동

2. 바흔위들 → 흔들바위

3. 강교한대 → 한강대교

4. 무행나은 → 은행나무

5. 남성산한 → 남한산성

6. 워남타산 → 남산타워

7. 관화세종회문 → 세종문화회관

69

○각 그림의 그림자를 연결해 주세요.

15 회 오늘의 기록   정답은 106쪽에 있습니다.

오늘 날짜	매일 3분 운동을 했나요?(6~9쪽)	틀린 문제 확인했나요?	내 사인
년 월 일			

16회

**전통 혼례(결혼식) 모습입니다.
숨은 그림 7개를 찾아 보세요.**

전자렌지
세탁기
무선 청소기
TV
노트북
공기청정기
안마의자

○ 좌우가 바뀐 한글을 바르게 다시 써 주세요.

1. 소출파 → 파 출 소
2. 갑장무고 → 고 무 장 갑
3. 거버햄 → 햄 버 거
4. 이타넥 → 넥 타 이
5. 리다검징 → 징 검 다 리
6. 마치름주 → 주 름 치 마
7. 방질찜 → 찜 질 방
8. 석구방 → 방 구 석

○ 답이 같은 계산식끼리 선으로 이어 주세요.

왼쪽	오른쪽
보기 12 + 8 = 20	8 × 3 = 24
30 - 6 = 24	7 × 2 = 14
16 - 8 = 8	64 ÷ 8 = 8
32 - 18 = 14	4 × 5 = 20
9 + 9 = 18	5 × 3 = 15
21 - 5 = 16	49 ÷ 7 = 7
27 - 12 = 15	6 × 3 = 18
42 - 30 = 12	32 ÷ 2 = 16
15 - 8 = 7	24 ÷ 2 = 12

○ 사진을 보고 재료 이름을 써 주세요. 그리고 이 재료들로 완성된 요리는 어떤 음식일까요?

달 걀 (계란) + 당 근 + 단 무 지

+ 시 금 치 + ...

= 김 밥

16회 오늘의 기록 — 정답은 107쪽에 있습니다.

오늘 날짜	매일 3분 운동을 했나요?(6~9쪽)	틀린 문제 확인했나요?	내 사인
년 월 일			

17회 서로 다른 그림 5곳을 찾아 주세요.

74

○ 점선의 글자를 따라 쓴 후, 가로 열쇠의 뜻을 보고 가로로 답하고, 세로 열쇠의 뜻을 보고 세로로 답을 해 십자말을 풀어 보세요.

➡ 가 로 열 쇠
❶ 기독교도를 상징하는 '十' 자 모양의 표
❸ 금속으로 만든 관악기의 하나. 군대에서 행군하거나 신호할 때 쓴다.
❹ 아홉 번 죽을 뻔하다 한 번 살아난다는 뜻으로, 죽을 고비를 여러 차례 넘기고 겨우 살아남을 이르는 말

⬇ 세 로 열 쇠
❷ 열에 여덟이나 아홉 정도로 거의 예외가 없음.
❺ 사람이 태어난 연월일시의 네 간지(干支). 또는 이를 근거로 사람의 길흉화복을 알아보는 점 (⑩ ○○팔자)
❻ 세상에 태어난 날을 기념하는 해마다의 그날

75

○ 1번(◉)부터 55번(◉)까지 순서대로 점을 이어 그림을 완성해 보세요.

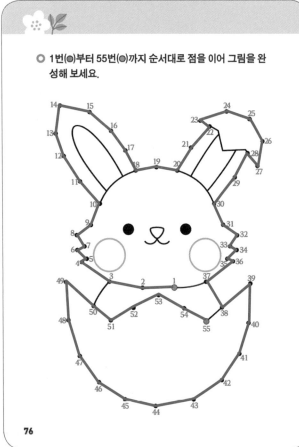

76

○ 전라북도 전 주 지방에 전통적인 비 빔 밥이 유명하지요. 예쁘게 색칠해 주세요.

17회 오늘의 기록
정답은 108쪽에 있습니다.

오늘 날짜	매일 3분 운동을 했나요?(6~9쪽)	틀린 문제 확인했나요?	내 사인
년 월 일			

77

18회

연중행사 중 **단풍놀이**는 빠질 수 없지요.
숨은 그림 **6개**를 찾아 보세요.

코펠 접시 장작 난로 바베큐 그릴 접이의자

78

○ 나머지 반쪽을 찾아 이어 주세요.

79

○ 시장에서 식품을 사려고 합니다. 다음 글을 읽고 알맞게 계산해 보세요.

문제 1
갈치는 한 마리에 12,000원입니다.
세 마리에 얼마인가요?
(36,000 원)

한 마리 : 12,000원

문제 2
사과는 5개에 만 원이라고 쓰여 있습니다. 사과를 3개만 살 거예요. 얼마인가요?
(6,000 원)

5개 : 10,000원

문제 3
오이는 한 봉지에 두 개씩 묶여 있고,
한 봉지 가격은 1,000원입니다.
오이 10개를 사려면 몇 봉지를 사고 얼마를 내야 할까요?
(5 봉지 5,000 원)

한 봉지 : 1,000원

80

○ 백설공주가 일곱 난쟁이들에게 가려 합니다. 길을 찾아
주세요. (길이 막히면 도로 뒤로 돌아가 다른 길을 찾아 보세요.)

출발▶

도착★

18회 오늘의 기록

정답은 109쪽에 있습니다.

오늘 날짜	매일 3분 운동을 했나요?(6~9쪽)	틀린 문제 확인했나요?	내 사인
년 월 일			

81

19회 정답

19회
서로 다른 그림 5곳을 찾아 주세요.

82

○ 점선의 글자를 따라 쓴 후, 가로 열쇠의 뜻을 보고 가로로 답하고, 세로 열쇠의 뜻을 보고 세로로 답을 해 십자말을 풀어 보세요.

			❶운	
	❸홍	길	동	
		익		
	❹인	조	가	❺죽
❻세	간			순

➡ 가로 열쇠

❷ 허균의 소설 <○○○전>의 주인공. 신출귀몰하는 재주를 가진 의적의 우두머리이다.

❹ 인공적으로 만든 가죽

❻ 집안 살림에 쓰는 온갖 물건 (≒○○살이)

⬇ 세로 열쇠

❶ 사람이 몸을 단련하거나 건강을 위하여 몸을 움직이는 일

❸ 널리 인간을 이롭게 함. 단군의 건국 이념으로서 우리나라 정치, 교육, 문화의 최고 이념이다.

❺ 대(대나무)의 땅속줄기에서 돋아나는 어린싹

83

○ 이상화의 「농촌의 집」을 소리 내어 읽고 천천히 따라 써 보세요.

아버지는 지게 지고 논밭으로 가고요,

어머니는 광지 이고 시냇가로 갔어요.

자장자장 울지 마라 나의 동생아,

네가 울면 나 혼자서 어찌하라고

해가 져도 어머니는 왜 오시지 않나.

귀한 동생 배고파서 울기만 합니다.

자장자장 울지 마라 나의 동생아,

저기 저기 돌아오나 마중 가 보자.

84

아버지는 지게 지고 논밭으로 가고요,

어머니는 광지 이고 시냇가로 갔어요.

자장자장 울지 마라 나의 동생아,

네가 울면 나 혼자서 어찌하라고

해가 져도 어머니는 왜 오시지 않나.

귀한 동생 배고파서 울기만 합니다.

자장자장 울지 마라 나의 동생아,

저기 저기 돌아오나 마중 가 보자.

19회 오늘의 기록

정답은 110쪽에 있습니다.

오늘 날짜	매일 3분 운동을 했나요?(6~9쪽)	틀린 문제 확인했나요?	내 사인
년 월 일			

85

110

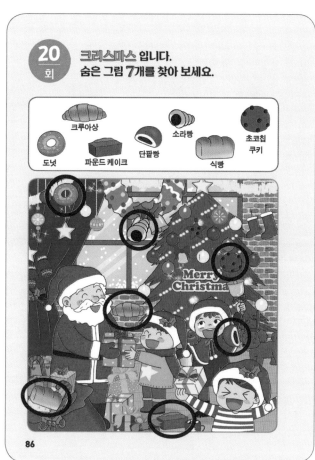

○ 서로 연관된 사진끼리 선을 이어 주세요.

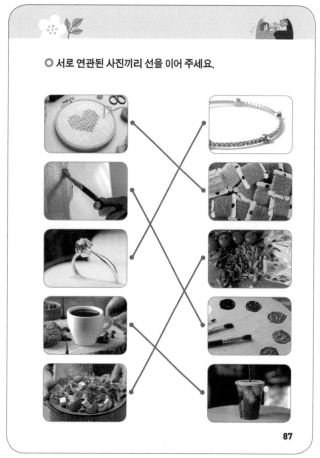

○ ( ) 안에 알맞은 단어를 넣어 속담을 완성하세요.

> 보기
> 지난 일은 기억 못하고 처음부터 그랬던 것처럼 잘난체한다.
> **개구리 (올챙이) 적 생각 못 한다.**

1 말은 쉽고 행동은 어렵다는 뜻
고양이 목에 (방울) 달기

2 들어온 지 얼마 안 되는 사람이 오래전부터 있던 사람을 내쫓으려 할 때
굴러온 (돌)이 박힌 (돌) 빼낸다.

3 앞으로 어떻게 될지 모르는 상황에서 지레짐작해 행동으로 옮기지 말라는 뜻
(김칫국)부터 마시지 마라.

4 남이 하는 일은 웬지 쉬워 보이고, 똑같은 물건도 남의 것이 더 좋아 보인다는 뜻
남의 (떡)이 더 커 보인다.

5 아무리 재주가 뛰어나도 그보다 더 뛰어난 사람이 있다는 뜻
뛰는 놈 위에 (나는) 놈 있다.

○ 각 그림의 그림자를 연결해 주세요.

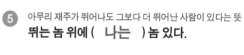

20회 오늘의 기록

정답은 111쪽에 있습니다.

오늘 날짜	매일 3분 운동을 했나요?(6~9쪽)	틀린 문제 확인했나요?	내 사인
년 월 일			

숨은그림찾기 **연중행사** 편 수록

오늘도 재밌는 뇌운동 ❶

초판 발행 · 2024년 3월 28일

지은이 큰그림 편집부
숨은그림 유선영
펴낸이 이강실
펴낸곳 도서출판 큰그림
등 록 제2018–000090호
주 소 서울시 마포구 양화로 133 서교타워 1703호
전 화 02-849-5069
팩 스 02-6004-5970
이메일 big_picture_41@naver.com

기 획 이강실
교정교열 김선미
디 자 인 예다움
인쇄와 제본 미래피앤피

가격 8,500원
ISBN 979-11-90976-28-2 (13710)